yukismart.com/b/865da6

baby

Baby

jongen

Junge

vrienden

Freunde

meisje

Mädchen

lach

lächeln

huilen

weinen

haar

Haar

oog

Auge

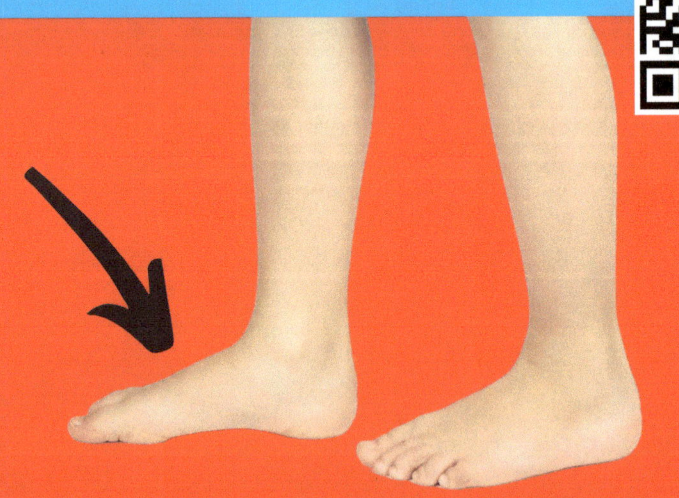

voet

Fuß

hand

Hand

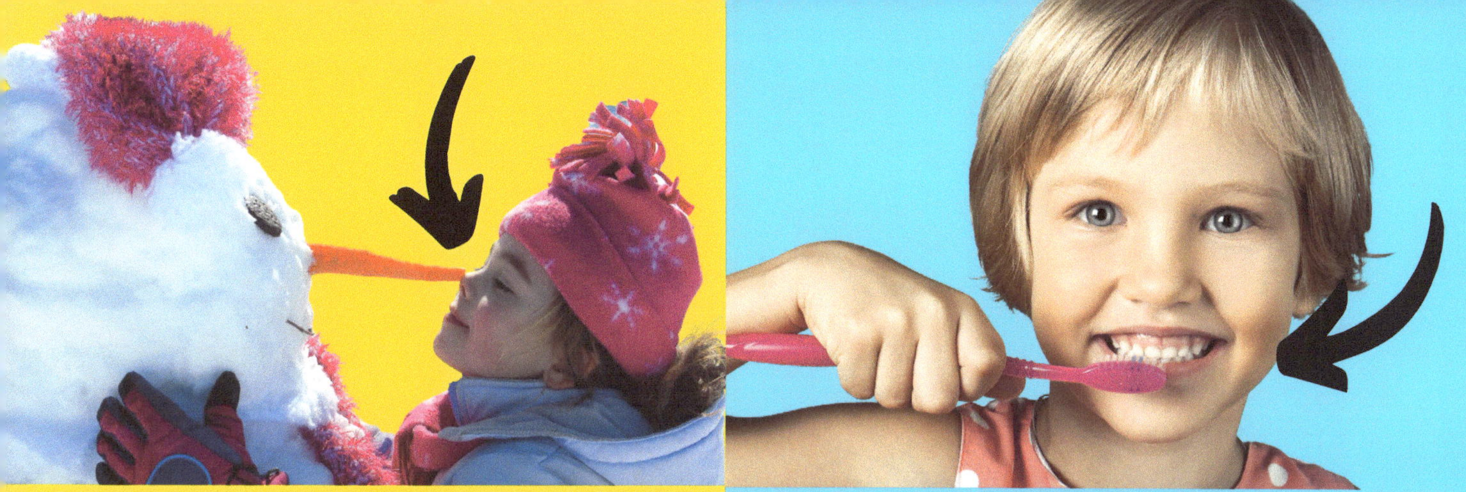

neus

Nase

tanden

Zähne

oor

Ohr

tong

Zunge

zon

Sonne

maan

Mond

ster

Stern

boom

Baum

vogel

Vogel

jas

Mantel

broek

Hose

jurk

Kleid

schoenen

Schuhe

rood

rot

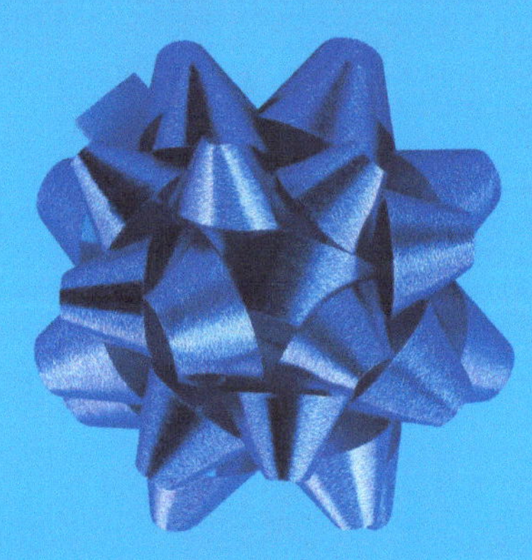

blauw

blau

geel

gelb

roze

rosa

wit
weiß
groen
grün
zwart
schwarz

veelkleurig
mehrfarbig

regenboog

Regenbogen

appel

Apfel

banaan

Banane

tomaat

Tomate

sinaasappel

Orange

wortel

Karotte

erwten

Erbsen

aardappel

Kartoffel

maïs

Mais

citroen
Zitrone

druiven
Weintrauben

peer
Birne

watermeloen
Wassermelone

courgette

Zucchini

ei

Ei

paddenstoel

Pilz

vierkant

Quadrat

cirkel

Kreis

rechthoek

Rechteck

driehoek

Dreieck

kat

Katze

hond

Hund

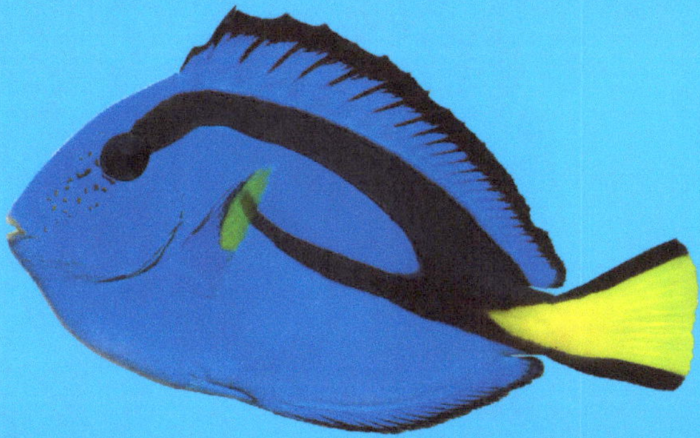

vis

Fisch

koe

Kuh

eend

Ente

kuiken

Küken

kip

Henne

kikker

Frosch

varken

Schwein

konijn

Hase

muis

Maus

paard

Pferd

schaap

Schaf

bloem

Blume

vlinder

Schmetterling

lieveheersbeestje

Marienkäfer

slak

Schnecke

taart

Kuchen

brood

Brot

klok

Uhr

sleutel

Schlüssel

boek

Buch

bal

Ball

tafel

Tisch

bord

Teller

stoel

Stuhl

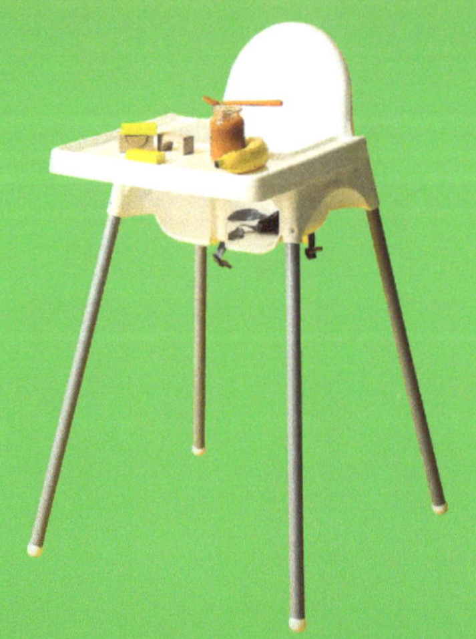

kinderstoeltje

Hochstuhl

vork

Gabel

mes

Messer

lepel

Löffel

beker

Tasse

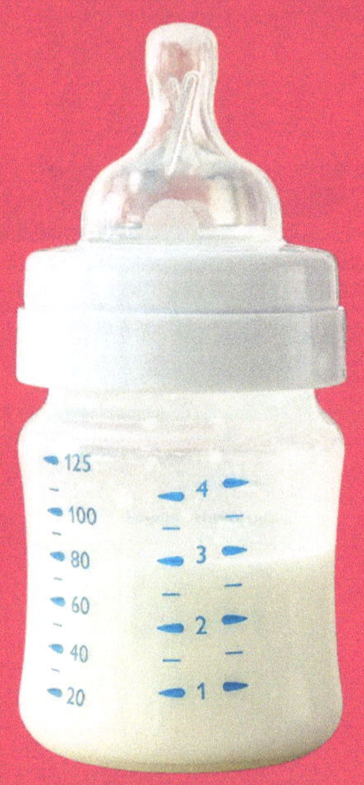

baby flesje

Babyflasche

glas

Glas

bed

Bett

wieg

Krippe

teddybeer

Teddybär

speen

Schnuller

handdoek

Handtuch

wastafel

Waschbecken

tandenborstel

Zahnbürste

zeep

Seife

toiletten
Toilette

potje
Töpfchen

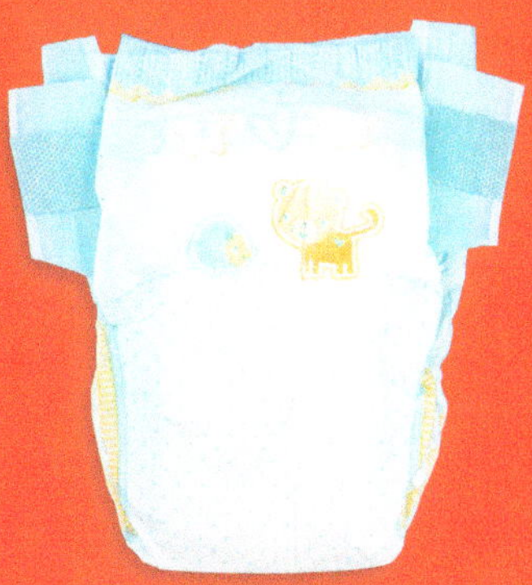

luier
Windel

auto

Auto

fiets

Fahrrad

vliegtuig

Flugzeug

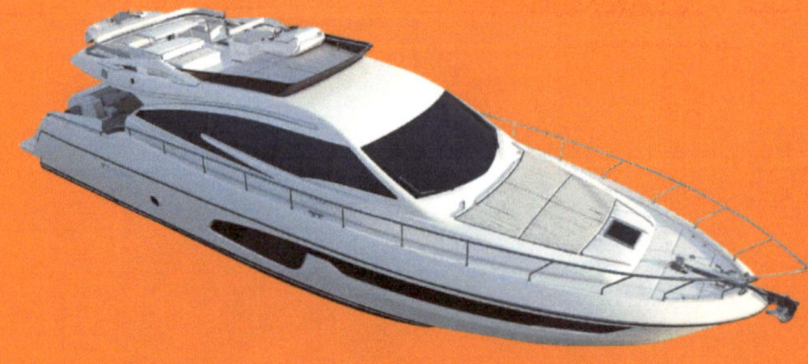

boot

Boot

brandweerwagen

Feuerwehrauto

trein

Zug

speelgoed

Spielzeuge